NAZARENO CIAVATTA

uma liderança no sindicalismo rural

Maria Angélica Momenso Garcia

NAZARENO CIAVATTA

uma liderança no sindicalismo rural

Maria Angélica Momenso Garcia

1ª edição

EDITORA
EXPRESSÃO POPULAR

São Paulo - 2007

Copyright © 2007, by Editora Expressão Popular

Revisão: *Geraldo Martins de Azevedo Filho, Márcio Amêndola de Oliveira e Miguel Cavalcanti Yoshida*
Projeto gráfico, capa e diagramação: *ZAP Design*
Impressão e acabamento: *Cromosete*

Dados Internacionais de Catalogação-na-Publicação (CIP)

G216n
Garcia, Maria Angélica Momenso
   Nazareno Ciavatta : uma liderança no sindicalismo rural / Maria Angélica Momenso Garcia –1.ed. —São Paulo : Expressão Popular, 2007.
   96p.

   Indexado em GeoDados - http://www.geodados.uem.br
   ISBN 978-85-7743-024-6

   1. Ciavatta, Nazareno - Sindicalista. 2. Sindicalismo rural. 3. Sindicalismo - Trabalhadores rurais. I. Título.

CDD 21.ed. 328.8102
331.763
923.31

Bibliotecária: Eliane M. S. Jovanovich CRB 9/1250

Todos os direitos reservados.
Nenhuma parte deste livro pode ser utilizada ou reproduzida sem a autorização da editora.

1ª edição: abril de 2007

EDITORA EXPRESSÃO POPULAR
Rua Abolição, 266 - Bela Vista
CEP 01319-010 – São Paulo-SP
Fone/Fax: (11) 3112-0941
vendas@expressaopopular.com.br
www.expressaopopular.com.br

Sumário

Apresentação 7
1 - O PCB e a militância sindical 13
2 - A militância política de Nazareno Ciavatta 19
3 - A atuação no Sindicato dos Trabalhadores
     Assalariados Agrícolas e Colonos de Ribeirão Preto ... 35
4 - Mobilização sindical local, o PCB e o Estado 69
Considerações Finais 84

Apresentação

Nazareno Ciavatta foi um dos principais protagonistas da militância político-sindical rural na região de Ribeirão Preto, Estado de São Paulo, entre os anos de 1954 e 1957. Formado nos quadros do Partido Comunista do Brasil (PCB) desde a década de 1940, despontou como o principal articulador da constituição do primeiro sindicato de trabalhadores rurais em Ribeirão Preto, local de maior concentração de trabalhadores rurais no Estado de São Paulo na época, cuja atividade econômica principal era a cafeicultura, que mantinha uma forma peculiar de relação de trabalho, o colonato.

O sistema de colonato originou-se nas lavouras de café no Estado de São Paulo, em substituição ao trabalho escravo, sendo adotado inicialmente na segunda metade do século 19 nas regiões de Campinas e Ribeirão Preto, transformando-se na relação de trabalho dominante ao longo do século 20, acompanhando o crescimento da produção cafeeira em todo o Estado até o final da década de 1950.

O colonato combinou um contrato de trabalho que previa o pagamento de salário pelo cuidado do cafezal e da colheita, moradia e permissão para uso de terrenos no interior das fazendas, para cultivo de gêneros de subsistência e manutenção de pequenas criações (aves, porcos, burros). Em geral, o contrato de trabalho era feito com a família de trabalhadores (marido, esposa e filhos), portanto, pode ser considerado um contrato coletivo de trabalho.

Desse modo, pode-se notar que, ao longo da década de 1950, o perfil da população ocupada no meio agrário na região de Ribeirão Preto era predominantemente de trabalhadores que residiam no interior das fazendas. Assim, as primeiras iniciativas de organização de sindicatos rurais impulsionados por militantes do PCB ocorreram nessa região, conhecida na época como Mogiana, no interior das fazendas, sendo seu primeiro foco de irradiação o distrito de Dumont, já que aí foi montada a primeira "célula dos comunistas". Nesse local, concentrava-se um grande número de trabalhadores rurais e pequenos sitiantes, que correspondiam a 70% da população local.

Por isso torna-se importante escrever a biografia política de Nazareno Ciavatta e desvendar sua militância, suas práticas e discursos, pois isso contribui para a construção da memória do movimento sindical rural e também para delimitar a influência pecebista na localidade de Ribeirão Preto.

A análise das lutas efetuadas no meio sindical pelo viés da representação política de suas lideranças visa desvendar as nuances e a complexidade da prática política e dos projetos de organização do movimento sindical rural, a partir da trajetória de atuação dos sujeitos que construíram a memória das lutas e conquistas políticas.

Não partimos apenas do referencial da análise da estrutura sindical, mas também da memória específica de problemas que definiram um conjunto de atitudes e significados, que serviram para a construção de uma identidade de interesses entre os trabalhadores rurais, bem como da percepção das tensões que se manifestaram nas esferas de representação sindical e no próprio desfecho das lutas e reivindicações apresentadas mediante um referencial social e histórico, em que as orientações ideológicas adquiriram um significado próprio, ou seja, a partir do embate entre os projetos políticos desenvolvidos sob orientação pecebista e as contradições vivenciadas pela base sindical, buscando historiar as formas de apropriação das orientações ideológicas pela liderança do movimento sindical rural na década de 1950, e qual foi a trajetória da prática política dos sujeitos sociais que vivenciaram a organização institucional do sindicato, como Nazareno Ciavatta.

Até o final da década de 1950, os trabalhadores rurais foram excluídos dos direitos trabalhistas e sociais e, na década de 1960, quando houve uma conquista desses direitos, com a promulgação do Estatuto do Trabalhador Rural em 1963, esses trabalhadores entram em um processo de conversão de trabalhador do meio rural para trabalhador volante, e morador na cidade, nas chamadas "cidades dormitórios", localizadas próximo das lavouras.

Em 1973, o Estatuto do Trabalhador Rural foi revogado pela Lei n° 5.889, que passou a fazer uma distinção dos direitos entre os trabalhadores temporários e permanentes, pois passou a predominar na atividade agropecuária, o trabalhador temporário ou volante. Este continuou sendo considerado trabalhador rural, porém morador nas cidades próximas das fazendas, em detrimento da relação de trabalho, que predominou por mais de sessenta anos no meio rural na região de Ribeirão Preto, o colonato.

Introduzido nas fazendas de café no Estado de São Paulo, o colonato foi a principal relação de trabalho adotada entre o final da década de 1880 e o final da década de 1950, na região de Ribeirão Preto, pois assegurava o melhor aproveitamento dos trabalhadores ao integrar ao trabalho famílias de trabalhadores, e não o trabalhador individual, a se responsabilizarem por todo o processo produtivo do café (plantio, trato e colheita) e residirem no interior das fazendas em moradias cedidas pelo proprietário.

A luta contra a exploração do trabalho, e pela garantia de direitos inscritos em uma legislação social, contribuiu para a montagem de uma organização sindical no meio rural na década de 1950, em que predominou a influência de atuação dos militantes pecebistas, que estabeleceram a prática de contestar o poder dos fazendeiros, que estabeleciam relações pessoais, em detrimento de relações contratuais de trabalho, como foi a atuação de Nazareno Ciavatta.

A luta pelo reconhecimento dos direitos garantidos em lei pelo movimento sindical rural provocou um enfrentamento do sindicato da categoria com os grandes proprietários rurais e, por outro lado, uma socialização das noções desses direitos junto aos trabalhadores.

Agradeço as informações fornecidas por Carlos Ciavatta, filho de Nazareno, ao professor Paulo Ribeiro da Cunha, pelo incentivo para escrever este livro e tirar do anonimato essa figura importante do movimento sindical rural que foi Nazareno Ciavatta, e à Teresa Maria Malatian, pelas orientações.

1. O PCB e a militância sindical

Nazareno Ciavatta nasceu na fazenda Dumont, em Ribeirão Preto, em 8 de abril de 1911 e viveu até os 82 anos. Destacou-se na vida política como sindicalista e militante do Partido Comunista do Brasil (PCB) ao atuar no movimento sindical rural no momento de sua formação.

Registros de sua vida política, mais precisamente entre os anos de 1954 e 1957, quando foi presidente do Sindicato dos Trabalhadores Assalariados Agrícolas e Colonos de Ribeirão Preto, foram resgatados a partir de uma documentação que podemos considerar "repressiva a esta atuação", já que se referem a prontuários do Deops, processos criminais, artigos de jornais e processos trabalhistas.

Os depoimentos e discursos desvendados nesse *corpus* documental revelam a importância de Nazareno Ciavatta naquele contexto de luta dos trabalhadores rurais contra desmandos patronais e injustiça social vivenciados na metade da década de 1950 na localidade de Ribeirão Preto.

A organização do sindicato da categoria e a mobilização para a filiação desses trabalhadores apresentaram-se, no interior das fazendas, como o importante e único mecanismo de representação dos interesses dos trabalhadores contra um poder autoritário, instituído de longa data no meio rural pelos fazendeiros e que intimidava qualquer manifestação reivindicativa.

As informações sobre o início da atuação de Nazareno Ciavatta como militante do PCB então num relatório de sua vida política feito pelo serviço de investigações do Deops (Departamento da Ordem Política e Social da Secretaria de Segurança Pública do Estado de São Paulo), a pedido do delegado de polícia de Ribeirão Preto. Nesse relatório, sua primeira aparição pública ocorreu num comício no Largo do Rosário, na capital, realizado no dia 24 de outubro de 1948, sob o patrocínio do Centro de Estudos e Defesa do Petróleo, como operário, em que foi um dos oradores.[1]

Ainda nesse relatório, foi constatado que Nazareno Ciavatta presidiu a assembléia de fundação do Sindicato dos Trabalhadores Assalariados e Colonos Agrícolas de Ribeirão Preto em setembro de 1954, à qual compa-

---

[1] Processo-Crime de Nazareno Ciavatta (réu), C. 22-A do 1º Ofício Cível, AGFRP, 1955, p. 24.

receram cerca de 150 associados, e estiveram presentes, também, o vereador pelo Partido Trabalhista Brasileiro (PTB), Horácio Arantes da Silva, e o advogado Orlando Tavella, membro de projeção do PCB.[2]

O curto período de vida legal do partido, de 1945 a 1947, foi pautado pelo seu crescimento e êxitos eleitorais, pois seu candidato à Presidência da República, Yeddo Fiúza, obteve cerca de 10% do total de votos, ficando em 3º lugar (quase 600 mil votos em um total de cinco milhões), Luiz Carlos Prestes é eleito senador pelo Distrito Federal, além de 14 deputados federais. Além disso, a bancada do PCB na Constituinte de 1946, apesar de minoritária, destacou-se defendendo propostas como o direito de greve, liberdade e autonomia sindical. Em 1947 elegeu um número razoável de deputados estaduais e obteve uma grande votação nas eleições municipais.[3]

O cenário político nesse momento passou a ter um elemento novo com a constituição da bancada comunista, que incorporava os trabalhadores em um espaço até então reservado às elites, pois nove dos seus deputados eleitos eram operários. Porém, iniciava-se a partir

---

[2] *Idem*, p. 25.
[3] SEGATTO, J. A . *Breve história do PCB*. São Paulo: LECH, 1981, pp. 54-55.

daí uma pressão contra a atuação do partido, por iniciativa dessa elite, que o julgava adepto da desordem por apoiar os movimentos sociais e grevistas que despontaram, empreendendo uma campanha anticomunista.

Para contornar tal situação, o PCB tentou fazer uma aproximação com os trabalhistas e ampliar seus espaços de atuação política, fazendo valer suas posições. Porém, no interior do movimento sindical, acirravam-se as disputas entre os comunistas e os setores mais conservadores, que pressionavam o governo a tomar medidas intervencionistas, o que acabou acontecendo com a eleição, tutelada pelo governo, de seus candidatos. Inclusive para tomar posse, os candidatos eleitos deveriam apresentar atestado ideológico fornecido pela polícia política.

A campanha anticomunista no Parlamento e nos sindicatos acabou levando o partido de volta à ilegalidade, pela aprovação da proposta de cassação de seu registro.

Com a cassação do seu registro e a perda da legalidade, o PCB passou a adotar uma política sectária, combatendo os sindicatos existentes subordinados ao Estado ao mesmo tempo em que se propunha a criação de sindicatos paralelos e independentes na forma de associações. O "Manifesto de Agosto de 1950" passou a expressar esse novo posicionamento político, porém, a partir de 1951, os militantes comunistas que atuavam nas bases do movimento operário e sindical iniciaram uma reação a essas posições da cúpula do partido, que contribuíam para a perda de sua representatividade.

A Resolução Sindical de 1952 foi a estratégia adotada pelo partido de correção na sua orientação sindical, já que os militantes de base, principalmente os que atuavam no meio rural, apontavam para o fato de que deveria se considerar a luta dos sindicatos oficiais no combate à exploração exercida sobre os trabalhadores pelos patrões, que não reconheciam nenhum direito assegurado pela CLT. Desse modo, o partido procurava ajustar-se à realidade vivenciada no movimento sindical, que era de atuar com respostas às reivindicações e demandas imediatas do trabalhador.

2. A militância política de Nazareno Ciavatta

Nazareno Ciavatta viveu e trabalhou como volante e sitiante, até fins da década de 1930, no distrito de Dumont. Nos anos de 1940 e início da década de 1950, viveu e trabalhou na capital. Nesse período, filiou-se ao PCB e passou a militar nos locais onde trabalhou em São Paulo, retornando a Ribeirão Preto em 1954, especificamente com a incumbência, feita pelo partido, de fundar um sindicato rural na região. Alguns depoimentos, levantados em seu prontuário no Deops, demonstram que seus passos passaram a ser vigiados pela polícia política em 1952, quando investigadores do Deops constataram que Ciavatta fazia apologia ao socialismo entre os operários na transportadora em que trabalhou na cidade de São Paulo, através de depoimentos colhidos entre os trabalhadores que conviveram com ele.

Em um desses depoimentos, era declarado que Nazareno Ciavatta,

> constantemente levava para o serviço jornais, boletins e pasquins comunistas, e à hora do almoço procurava ler e comentar artigos, folhetos etc., tudo em favor do comunismo da

Rússia, além de aconselhar seus companheiros a produzir o menos possível, pois, segundo ele, o Brasil só poderia melhorar quando o comunismo triunfar.[4]

O Deops produziu ao longo de sua existência prontuários e dossiês de investigações policiais referentes a delitos de desordem social ou política. Esses documentos foram produzidos, portanto, pela repressão. A partir deles temos a oportunidade de descobrir a militância comunista da forma como se apresentaram os depoimentos e suas entrelinhas.

A possibilidade de reconstituir a trajetória de um dos protagonistas da militância político-sindical rural, formado nos quadros do PCB, permitiu-nos tomar contato com a vivência e a experiência prática em relação à mobilização e organização dos trabalhadores, e analisar como se manifestavam as relações entre as instâncias de direção do partido, que centralizava as decisões através do Comitê Central, e a militância de base.

O PCB passou a atuar em Ribeirão Preto a partir da criação, em 1925, da União Geral dos Trabalhadores de Ribeirão Preto (UGT), porém um comitê municipal do

---

[4] Secretaria da Segurança Pública do Estado de São Paulo (Departamento da Ordem Política e Social), prontuário nº 120269 – Nazareno Ciavatta.

partido passou a existir somente a partir da década de 1940. Em 1945, foi criada a Liga Camponesa de Dumont e seu embrião teria sido um Comitê Democrático Popular na vila de Dumont, formado por pequenos proprietários rurais. A liga fez sua primeira aparição pública no comício realizado por Prestes em Ribeirão Preto, em 1945. A partir dessa data, Ribeirão Preto tornou-se o pólo da atividade regional dos comunistas, com células em Dumont e Guatapará voltadas para a propaganda dos direitos dos trabalhadores rurais e para a criação de ligas e sindicatos.[5]

O primeiro período propriamente do sindicalismo rural no Brasil, prenunciado pela Resolução Sindical da Comissão Executiva do PCB, em julho de 1952, abriu-se com a realização da I Conferência Nacional dos Trabalhadores Agrícolas (CNTA) em 1953, com maioria de participação dos pecebistas, e consolidou-se no ano seguinte, com a criação durante a II CNTA, da União dos Lavradores e Trabalhadores Agrícolas do Brasil, a Ultab. A partir daí, a preocupação passou a ser a organização do trabalhador agrícola em entidades sindicais. Até o final da década de 1950, o PCB praticamente monopo-

---

[5] POMAR, P.E.R. *A democracia intolerante: Dutra, Adhemar e a repressão do Partido Comunista (1946-1950)*. São Paulo: Arquivo do Estado, 2002, pp. 129-131.

lizou a organização dos trabalhadores rurais como única força política constituída.

Entre 1954 e 1964, os comunistas trabalharam intensamente no movimento sindical brasileiro. Segundo Marco Aurélio Santana, os avanços da militância pecebista nos organismos de base, e depois nas entidades sindicais, possibilitaram que os quadros do PCB ocupassem importantes confederações e, assim, pudessem influenciar a política nacional, mesmo na ilegalidade.

Para Jover Telles, a partir de 1952, as lutas operárias que se desenvolveram em âmbito local, municipal, estadual e nacional foram importantes, no que se refere a melhorar a organização sindical. De 1952 a 1956, o número de sindicatos de categorias profissionais aumentou de 1.096 para 1.365, e o número de federações sindicais passou de 49 para 63. Em 1958, já existiam 1.552 sindicatos e 67 federações.[6]

O partido participou intensamente de todos os movimentos políticos entre o final de 1950 e início de 1960, principalmente da campanha pelas reformas de base. O alcance dessa participação nos rumos políticos do Brasil foi tão grande que a ameaça do que se chamou "república sindicalista" foi utilizada como uma das justifica-

---

[6] TELLES, J. *O movimento sindical no Brasil*. 2ª ed. São Paulo: Lech, 1981, p. 27.

tivas pela precipitação do golpe militar de 31 de março de 1964.[7]

Os órgãos dirigentes do PCB tentaram suprir as carências intelectuais, teóricas e ideológicas dos militantes criando as chamadas bibliotecas marxistas e as escolas de formação partidária entre os anos de 1948 e 1956. As bibliotecas eram, na verdade, um conjunto de determinados livros e artigos, avaliados como importantes na formação política, teórica e ideológica dos militantes.

O Comitê Nacional, em 1951, determinou a criação de cursos e círculos de estudos visando o estudo sistematizado do marxismo-leninismo-estalinismo por todos os militantes, como uma forma de preparar melhor as células do partido. Desse modo,

> com a criação das escolas e seus respectivos cursos, disseminaram-se as bibliotecas marxistas nos comitês, círculos, associações e outros órgãos afetos à organização partidária ou sob sua influência direta. A orientação e o acompanhamento das leituras pela direção partidária são realizados mediante planos de estudo previstos para os membros de todos os escalões.[8]

---

[7] SANTANA, M. A. *Homens partidos*. São Paulo: Boitempo, 2001, p. 89.

[8] ALMEIDA, A . W. B. de. "As bibliotecas marxistas e as escolas de partido". *Religião e Sociedade*, Rio de Janeiro, nº 9, junho de 1983, p. 38.

Com uma trajetória marcada pela constante perseguição e banimento, o partido procurou ocupar os espaços no movimento sindical, pois assim pôde legitimar uma série de ações. A criação da Ultab, em 1954, foi um exemplo disso, ao formar dirigentes de associações e sindicatos rurais, encontros da juventude rural em vários níveis para discussão e encaminhamento de suas reivindicações, deslocamento de dirigentes e de quadros do partido para o campo para desenvolverem um trabalho de organização, produção e distribuição do *Terra Livre*, jornal do PCB, utilizado como instrumento de agitação e propaganda.

No entanto, um dos dirigentes da Ultab na época, Lyndolpho Silva, em um depoimento, afirmou que:

> a Ultab era uma criação de cúpula, com pouca base, que depois se desenvolveu. Não possuía sede (...) utilizávamos a sede do jornal *Terra Livre*. Os três elementos da direção da Ultab viajavam para o interior, quando era preciso, quando chamavam, quando podíamos, mas era um trabalho muito tênue.[9]

Criada pelo Comitê Central do partido, a Ultab teve uma intensa atividade nos seus dois primeiros anos, em

---

[9] Entrevista de Lyndolpho Silva *apud* RICCI, R. *Terra de ninguém: representação sindical rural no Brasil*. Campinas: Unicamp, 1999, p. 110.

que foram criadas quase 200 associações, das quais 46 delas eram sindicatos rurais. Porém, a partir de 1956, sua Comissão Executiva, que atuava com três nomes, passou a atuar com um apenas, Lyndolpho Silva. Em setembro de 1959, sua direção passou a ser exercida por uma Assembléia Geral, composta por delegados e representantes das associações filiadas; por um Conselho de Representantes, composto por 25 membros; por uma Diretoria, composta por sete membros, e por um Conselho Fiscal, composto por três membros efetivos e três suplentes. A presidência da Ultab foi exercida por Lyndolpho Silva até 1964.[10]

O jornal *Terra Livre*, editado pelo PCB, foi o primeiro a aparecer no Brasil, dedicado ao público das zonas rurais. "Seu surgimento prendia-se às necessidades levantadas pelo Partido Comunista, no sentido de que era preciso criar um órgão que pudesse orientar as lutas e socializar as experiências no campo".[11] Ao longo das décadas de 1950 e 1960, algumas seções do jornal *Terra Livre* foram se destacando como canais de informações. Dentre elas, sobressaiu a coluna de

---

[10] COSTA, L. F. C. *Sindicalismo rural brasileiro em construção*. Rio de Janeiro: Forense/Universitária/UFRRJ, 1996, pp. 55-57.

[11] RICCI, R. *Terra de ninguém: representação sindical rural no Brasil*. Campinas: Unicamp, 1999, p. 51.

Lyndolpho Silva, que a assinou entre fevereiro de 1956 e abril de 1957, e, depois, entre janeiro de 1960 e dezembro de 1962, que defendia a atuação de militantes comunistas na fundação de sindicatos rurais. Essa coluna, intitulada "Conheça os seus direitos", tinha como objetivo divulgar aspectos da legislação que favorecessem os trabalhadores rurais, possibilitando dessa forma uma mobilização em torno de direitos não respeitados.

Segundo Marco Aurélio Santana, nesse período, "o PCB vai aumentar e consolidar sua atuação nos locais de trabalho, avançando sobre os sindicatos com mais sucesso que em outros períodos de sua existência".[12] No entanto, a reviravolta nas posições adotadas pelo Partido, provocadas pelas denúncias apresentadas no relatório Kruschev, divulgado no XX Congresso do Partido Comunista da União Soviética em 1956, denunciando as perseguições e crimes perpetrados por Stalin, além do culto à personalidade, empreendidos por ele, constituem a chave para interpretar as mudanças estabelecidas pelo Diretório Central, em relação às bases que, ao longo do ano de 1957, passou a desenvolver uma série de autocríticas, esboçando-se

---

[12] SANTANA, M. A. *Homens partidos: comunistas e sindicatos no Brasil*. São Paulo: Boitempo, 2001, p. 90.

três tendências dentro do partido (os renovadores, que defendiam a abertura das discussões e passaram a questionar até mesmo a existência do partido; os conservadores, que se posicionavam contra a abertura de discussões; e os de centro que se situavam entre o revisionismo dos primeiros e o sectarismo ortodoxo dos últimos), chegando, ao fim, a admitir o excesso de centralismo por parte do diretório e que culminou, aproximadamente um ano depois, com a "Declaração de Março de 1958".

Nesse documento, elaborado em 1958, o PCB deixava clara a mudança de orientação do partido admitindo que:

> o caminho pacífico da revolução brasileira é possível em virtude de fatores como a democracia crescente da vida política, o ascenso do movimento operário e o desenvolvimento da frente única nacionalista e democrática em nosso país. Sua possibilidade se tornou real em virtude das mudanças qualitativas da situação internacional, que resultam numa correlação de forças decididamente favorável à classe trabalhadora operária e ao movimento de libertação dos povos (...) O povo brasileiro pode resolver pacificamente os seus problemas básicos com a acumulação, gradual mas incessante, de reformas profundas e conseqüentes na estrutura econômica e nas instituições políticas, chegando-se até a realização completa das transformações

radicais colocadas na ordem do dia pelo próprio desenvolvimento econômico e social da nação.[13]

A "Declaração de Março de 1958" apresentou uma nova linha política, antecipando o que viria a se consolidar no V Congresso do PCB em 1960, com seu posicionamento em prol das reformas estruturais, a fim de que o desenvolvimento capitalista tomasse o caminho de aproximação da revolução nacional e democrática

O "Manifesto de Agosto de 1950" e a "Declaração de Março de 1958" estabeleceram os parâmetros e os posicionamentos políticos para as lutas da militância pecebista, suas vivências e experiências. Assim, ao longo da década de 1950 surgiu uma conjuntura política peculiar, especificamente na atuação da linha sindical e, mais estritamente, no meio rural, em meio a divergências entre as orientações partidárias, que, nesse período, foram colocadas como radicais, pois defendiam a derrubada do governo e a atuação efetiva da militância no movimento sindical.

A "Declaração de Março de 1958" correspondeu à nova realidade existente, e procurou superar a linha

---

[13] Resolução de 1958 do PCB. *In* CHACON, V. *História dos partidos brasileiros: discurso e práxis dos programas*. 3ª ed. Brasília: Editora da UNB, 1998, p. 387.

estabelecida no IV Congresso do partido, tentando reiterar a visão da revolução brasileira, porém em duas etapas: primeiro, a democrática e nacional, e depois a socialista. Desse modo, o documento "indicava o caminho das lutas pelas reformas estruturais, como meio de intensificar o desenvolvimento capitalista e precipitar a primeira etapa da revolução" e definia o governo Kubitschek, eleito também com o apoio comunista, não como de traição nacional, mas fruto de composição heterogênea, na qual o presidente oscilava entre a ala "nacionalista", à qual se deveria dar todo o apoio para garantir sua hegemonia, e a ala "entreguista" apontando um caminho pacífico da revolução".[14]

Com essa nova postura política, mesmo que ainda na clandestinidade, o PCB consegue eleger no Estado de São Paulo, em 1958, dois deputados estaduais pela legenda do PTB, Rocha Mendes, presidente do sindicato dos gráficos em São Paulo, e Luciano Lepera, jornalista em Ribeirão Preto e muito envolvido com as lideranças do Sindicato de Trabalhadores Rurais de Ribeirão Preto.[15]

---

[14] *Idem*, p. 93.

[15] BRANDÃO, G. M. *A esquerda positiva: as duas almas do Partido Comunista – 1920/1964*. São Paulo: Hucitec, 1997, p.187.

O posicionamento de maior envolvimento da miltância pecebista junto às bases operárias e nos movimentos grevistas teve, como marco inicial, a greve dos 300 mil em São Paulo, ocorrida entre 25 de março e 23 de abril de 1953, em que os trabalhadores de quatro categorias – têxteis, metalúrgicos, vidreiros e marceneiros – se posicionaram contra a carestia.

Para Hélio da Costa,[16] essa greve propiciou o aparecimento de novos militantes sindicais e o crescimento da participação dos sindicatos na vida política do país, interrompido com o golpe militar de 1964.

Mesmo estando na ilegalidade, o PCB passou a explorar as possibilidades de atuação legal, engajando-se e liderando movimentos como o Movimento Nacional pela Proibição de Armas Atômicas e a Campanha "O Petróleo é Nosso", em união a outros setores nacionalistas. Além disso,

> o PCB pôde manter legalmente seus jornais e publicações de massa apesar de sujeitos a periódicas investidas da polícia e a fechamentos temporários, pois uma parte da imprensa comunista não aparecia oficialmente como órgãos do PCB. Através de certos artifícios jurídicos, o partido manteve a sua imprensa

---

[16] FORTES, A. *et alii*. *Na luta por direitos: estudos recentes em história social do trabalho*. Campinas: Unicamp, 1999, pp. 89-121.

funcionando até 1964. A revista *Problemas*, órgão teórico do PCB, continuou a ser editada. Quando o jornal *Hoje* foi fechado, o PCB providenciou o aparecimento do *Notícias de Hoje*. No Rio, a *Tribuna Popular* foi substituída pela *Imprensa Popular*.[17]

Assim, nos anos de 1954 a 1957, Nazareno Ciavatta tomou como referência básica de luta e mobilização sindical a defesa dos direitos trabalhistas, já que tais direitos estavam garantidos na Consolidação das Leis do Trabalho (CLT) promulgada desde 1943, mas não cumprida, na prática, no meio rural. A defesa de uma jornada de trabalho, salário mínimo, férias entre outros benefícios, era encarada como uma forma de extensão da cidadania aos trabalhadores do meio rural que, até aquele momento, viviam sob uma opressão absoluta, submetidos ao poder de mando dos grandes fazendeiros, sem garantias e sem proteção alguma do Estado.

Dois depoimentos, em momentos e ocasiões diferentes, de Nazareno Ciavatta, um prestado na delegacia de polícia aos investigadores do Deops, em 1964, e outro de forma espontânea a um pesquisador, em 1990, atestaram a importância dada por ele à fundação de um sindicato de trabalhadores rurais para conseguir garan-

---

[17] *Idem*, p. 413.

tia de direitos a esses trabalhadores, que não eram assistidos por qualquer instituição, e não tinham como reivindicar direitos trabalhistas não cumpridos nas fazendas.

Em interrogatório na Delegacia de Polícia de Ituverava, quando de sua prisão em 1964, pela lei de segurança nacional, logo após o golpe militar,[18] Nazareno Ciavatta declarou que

> em 1953 o interrogado trabalhava no distrito de Dumont, na qualidade de trabalhador volante na zona rural, sendo certo que diversos companheiros seus lhe perguntaram da possibilidade de fundar um sindicato, tendo em vista que naquela ocasião a lei trabalhista não garantia indenização quando o trabalhador rural era dispensado pelo patrão, mas o restante dos direitos reconhecido, desta idéia inicial foi fundado o Sindicato Rural de Ribeirão Preto, tendo sido o interrogado o seu primeiro presidente; que, a orientação na formação do sindicato foi prestada por Horácio Arantes da Silva que na ocasião era presidente do Sindicato dos Marceneiros e hoje o mesmo é vogal na Justiça do Trabalho; que naquela oportunidade ficou deliberado que o vencimento do presidente do sindicato seria de dois mil cruzeiros, cuja importância era proveniente de

---

[18] No período do regime militar, os presos políticos de Ribeirão Preto e região eram encaminhados para a cadeia da Delegacia de Polícia de Ituverava.

mensalidades arrecadadas dos trabalhadores, digo, dos trabalhadores sócios do sindicato; que, o dr. Tavella, advogado em Ribeirão Preto foi indicado para defensor dos trabalhadores na lavoura.[19]

Em entrevista concedida em 31/3/1990, Nazareno Ciavatta diz como ocorreu a fundação do sindicato e como se deu a participação do PCB nesse processo:

> eu sou camponês desta região e fui para São Paulo onde passei quinze anos. Voltei de São Paulo em 1954 e fui para Dumont, aqui perto. Fui trabalhar na roça outra vez. Como lá em São Paulo eu pertencia ao partido, vim a Ribeirão Preto procurar por ele, fui atrás de uma sede que se chamava Panela Vazia. Vim pedir ajuda para organizar um comício em Dumont, porque os preços naquele tempo subiam muito. O partido fazia esse tipo de comício contra a carestia (...) O partido queria fundar um sindicato e me convidou para ajudá-lo. Eu também queria fundar um sindicato. Tinha morado em São Paulo e sabia que o sindicato sempre trazia vantagens ao trabalhador. Eu concordei em ajudar. Foram feitas duas reuniões. A primeira no dia 6 de setembro de 1954, na União Geral dos Trabalhadores. A segunda foi realizada no Sindicato da Constru-

---

[19] Auto de Qualificação e Interrogatório. Secretaria da Segurança Pública do Estado de São Paulo (Departamento de Ordem Política e Social). Prontuário nº 120269 – Nazareno Ciavatta.

ção Civil da Vila Tibério (...) Quem me deu as instruções de organizar a diretoria e tudo o mais foi o sindicato dos marceneiros (...) A fundação desse sindicato aconteceu no dia 31 de janeiro de 1955.[20]

Os depoimentos colhidos em momentos e circunstâncias diferentes, o primeiro em um interrogatório, como preso político, sob a repressão da ditadura militar e, o segundo, rememorando sua participação na organização do sindicato de trabalhadores rurais em Ribeirão Preto, demonstraram a importância das iniciativas de Ciavatta no movimento sindical rural local. Porém, no primeiro depoimento, em nenhum momento é citado o PCB, pois estava preso e não podia declarar ser um comunista; já o segundo atesta a influência do partido e sua posição estratégica dentro dele, para que ocorresse uma atuação comunista no interior das fazendas.

---

[20] COSTA, L. F. C. "Entrevista: Nazareno Ciavatta". *Estudo, Sociedade e Agricultura*, Rio de Janeiro, nº 5, p. 93, novembro de 1995.

3. A atuação no Sindicato dos Trabalhadores Assalariados Agrícolas e Colonos de Ribeirão Preto

A experiência concreta de Ciavatta no movimento sindical estabeleceu-se ao atuar na denúncia de situações aviltantes a que estavam submetidos os trabalhadores no interior das fazendas. Os recursos legais, adotados pelo dirigente sindical, no intuito de proteger o trabalhador e garantir o cumprimento dos seus direitos constantes na CLT, tiveram papel significativo na formação cultural e política da classe trabalhadora.

A maneira pela qual os trabalhadores aderiram à proposta sindical de lutar para terem reconhecidos seus direitos trabalhistas apontou o meio pelo qual o sindicato deveria responder aos seus anseios mais imediatos. Nesse sentido, os militantes de base do PCB e os setores ligados ao movimento sindical do PTB, acabaram adotando ações e discursos parecidos ao desenvolverem formas de assegurar a defesa e a aplicação de direitos já assegurados na lei.

Os direitos dos trabalhadores rurais assegurados pela CLT estavam expressos no artigo 76 (extensão do salário mínimo ao trabalhador rural), nos artigos de 129 a 143, referentes às férias remuneradas, no artigo 487 (aviso prévio), no artigo 57 (horas-extras). Outra lei que garantia direitos aos trabalhadores rurais era a Lei nº 605, de 5/1/1949, referente ao descanso semanal remunerado e regulamentada pelo Decreto nº 27.048, de 12/8/1949. Com relação à organização sindical, o Decreto-lei nº 7.038, de 10/11/1944, tornava lícita a criação de sindicatos, porém a Portaria Ministerial nº 14, de 19/3/1945, que regulamentou o decreto, não elaborou o quadro de atividades e profissões no campo, o que serviu como artifício para a negação sistemática da carta sindical às entidades requerentes.

A conscientização pela reivindicação do cumprimento dos direitos trabalhistas, empreendida pelo sindicato, altera as relações vigentes entre trabalhadores e fazendeiros, e isso concorreu para uma maior confiança na representação que a organização sindical fazia de seus interesses.

Apesar de esse trabalho estar dando resultado, logo após a formação do sindicato em Ribeirão Preto, com muitas intervenções no Departamento do Trabalho, a militância local vivia uma relação conflitante com a cúpula do PCB.

Entre agosto de 1954, quando ocorreu o IV Congresso do PCB, e 1958, com a "Declaração de Março", os militantes da base, principalmente os ligados aos sindicatos rurais como Nazareno Ciavatta, viviam em contradição com as orientações do partido, pois este propunha a idéia da revolução aberta com a derrubada do governo, e a orientação local era pautada no sentido de promover um acúmulo de forças por conquistas parciais em defesa do cumprimento das leis trabalhistas no meio rural.

Segundo depoimento de José Rodrigues dos Santos, militante sindical na região Norte do Paraná, ligado ao PCB no início da década de 1950 e vice-presidente da segunda e da terceira diretorias nacionais da Ultab:

> desde a Ultab já existia uma luta dentro do Partido. A luta era o seguinte: o partido era composto na sua direção por intelectuais e assalariados urbanos. Quase não havia trabalhadores rurais, apenas o Sebastião Dinarte e Nestor Vera, que foi mais tarde tesoureiro da Contag (...) eles argumentavam muito bem. O pessoal menos instruído (da Ultab) não agüentava muito a discussão. A gente era tratado como praticistas, pois não citávamos ninguém, Lenin, Marx, Stalin (...) Esse pessoal mais instruído sempre falava das reuniões, de encontros, visitas com fulano e sicrano. Eram muitas reuniões de leitura entre eles, para analisar as contradições entre China e a União Soviética, Polônia e Checoslováquia (...) O pessoal praxista, quando relatava suas tarefas, falava de reuniões massivas em fábricas, fa-

zendas, distribuição de jornais nas vilas, de casa em casa, de palestras sobre reforma agrária, leis trabalhistas, Estatuto e Programa do partido, resoluções de congressos. Acompanhava as reuniões das Câmaras de vereadores, mobilizava gente, organizava festas para Primeiro de Maio. Uma enormidade de encontros de base para conscientização da massa.[21]

Na atuação de Nazareno Ciavatta no sindicato de trabalhadores rurais de Ribeirão Preto, longe de insurgir-se contra as diretrizes do partido, era adotada, como na de José Rodrigues dos Santos, no Paraná, uma postura mais prática em relação às reivindicações mais urgentes dos trabalhadores rurais, já que em muitos casos moravam no interior das fazendas, sob total opressão dos fazendeiros, sendo, muitas vezes, as saídas do local de trabalho e as horas de folga totalmente controladas pelos capatazes da fazenda.

Assim, a defesa do cumprimento da lei, por parte do sindicato, funcionava como uma forma de reduzir os efeitos dessa opressão exercida pelos grandes fazendeiros – que buscavam, em muitos casos, para isso, o aparato policial – e garantir a adesão dos trabalhado-

---

[21] TONELLA, C. *et alii*. *As memórias do sindicalista José Rodrigues dos Santos: as lutas dos trabalhadores rurais do Paraná*. Maringá: Eduem, 1999, pp. 45-46.

res às mobilizações e ações trabalhistas, contra o patronato.

Em uma resolução aprovada em reunião nacional do PCB em 1959, foi elaborada uma avaliação do movimento sindical na década de 1950 admitindo que

> a experiência dos últimos anos demonstra que os trabalhadores, utilizando os direitos assegurados pela Constituição da República e pela legislação trabalhista vigente, podem não só obter vitórias de caráter estritamente sindical como influir nos rumos políticos do país. Ao participarem do movimento nacionalista, as organizações sindicais contribuem para o fortalecimento da frente única nacionalista e democrática. O proletariado se esforça por assumir seu papel de vanguarda, lutando ombro a ombro com todas as forças antiimperialistas e democráticas e desenvolvendo significativamente, no curso dessa luta, sua consciência política.[22]

Mesmo considerando que os sindicatos deveriam utilizar os meios legais para obter conquistas sociais e políticas, além de mobilizar e conscientizar os trabalhadores, nesse documento também foram apontados os pontos negativos da intervenção do Estado na organi-

---

[22] TELLES, J. *O movimento sindical no Brasil*. 2ª ed. São Paulo: Lech, 1981, p. 274.

zação sindical através da subordinação dos sindicatos ao Ministério do Trabalho, "que decidia sobre impugnações das eleições sindicais e a posse das diretorias eleitas, julgando as previsões orçamentárias dos sindicatos e a validade legal dos movimentos grevistas".[23]

Pode-se constatar que o PCB defendia a mudança da estrutura sindical corporativista; no entanto, ao longo da década de 1950, procurou ampliar seus espaços de atuação nas bases, dentro da própria instituição corporativa. No caso do Sindicato dos Trabalhadores Rurais de Ribeirão Preto, a mobilização para a greve, por exemplo, como instrumento de reivindicação, colocou-se como último recurso a ser utilizado pelo dirigente sindical, já que seus resultados, pelo fato de os trabalhadores não terem qualquer garantia trabalhista assegurada, acabaram gerando demissão em massa.

Os relatos sobre um episódio de greve no meio rural em Ribeirão Preto demonstrou uma verdadeira contradição de informações, desde que ela poderia ter sido iniciada espontaneamente pelos trabalhadores, como ter sido conduzida totalmente pelo sindicato, sem a adesão da maioria dos trabalhadores. O que transparece nos relatos são as possibilidades de represálias aos participantes do movimento grevista.

---

[23] *Idem*, p. 274.

Em um bilhete, escrito em papel timbrado, do Sindicato dos Trabalhadores Assalariados e Colonos de Ribeirão Preto, constante nos autos em que Nazareno Ciavatta respondeu por desacato com violência à autoridade em 1955, endereçado a um trabalhador agrícola, o recurso à greve apresentou-se como estratégia de luta para obtenção de aumento salarial, já que não existia regularização da aplicação do salário mínimo no campo como demonstra o documento:

> Ilmo. Sr. José Braz
> Senhores estão sendo prejudicados eu já sei o direito dos trabalhadores da roça tem o mesmo direito dos trabalhadores da cidade, voces unem todos, e exigam 63,00 por dia e que o Quintino não corte arroz verde, José Braz prepara bem todos os trabalhadores e pode fazer a greve as leis estão aí como prova, portanto precisa ter medo.
> Nazareno Ciavatta.[24]

A iniciativa da greve mencionada foi relatada em uma entrevista concedida em 1990 por Nazareno Ciavatta, em que alegava que

---

[24] Processo-Crime de Nazareno Schiavata e Luiz Anaconi (réus). C. 19-A do 1º Ofício Cível, Ribeirão Preto, AGFRP, 1955, p. 27.

certa vez os trabalhadores da fazenda São Sebastião do Alto vieram ao sindicato e me falaram da miséria (...) Eu disse a eles que o sindicato tentaria ajudar, mas eles acharam que a providência seria fazer greve (...) Não propus greve porque sabia que era perigoso. Até o sindicato poderia ser fechado. Eu alertei que se eles fizessem greve a primeira coisa que iria acontecer era a polícia prender todos. Eles responderam que não tinham medo porque já estavam com a corda no pescoço. Eu recomendei então que eles se organizassem. Dois meses depois voltaram e disseram que estavam preparados para a greve.[25]

A greve na fazenda São Sebastião do Alto, com duração de um a dois dias, acabou não resultando em ganhos para os trabalhadores, e ainda levou Ciavatta e um trabalhador à prisão por agressão e desacato à autoridade. O que aparece nos depoimentos de forma recorrente é que a polícia foi acionada pelo proprietário da fazenda, Quintino Facci, para reprimir o movimento, quando os trabalhadores encaminhavam-se para a Delegacia Regional do Trabalho para formalizar a reclamação trabalhista.

As declarações dos trabalhadores são contraditórias e, nas entrelinhas, pode-se perceber que estavam coa-

---

[25] COSTA, L. F. C. "Entrevista: Nazareno Ciavatta". *Estudo, Sociedade e Agricultura*, Rio de Janeiro, nº 5, p. 94, novembro de 1995.

gidos a não se manifestarem contra seu empregador, como por exemplo, o depoimento do trabalhador citado no bilhete de Ciavatta, José Braz, que trabalhava há doze anos na fazenda do senhor Quintino Facci como camarada, e que nesses anos, "demonstrou ser um ótimo patrão, pois lhes dá toda a assistência de que necessitam, inclusive médico, hospital e até farmacêutica e educação".[26] Já no interrogatório do trabalhador Luiz Anaconni, este afirmou que "na delegacia de polícia Quintino Facci interrogou um por um os trabalhadores, e quando chegou a vez do investigado, este respondeu que desejava um salário melhor, pois o que recebia não dava para as despesas, que nesse momento foi fichado, e em seguida recolhido à cadeia".[27]

A defesa dos interesses dos trabalhadores e a mobilização para se tornarem sócios do Sindicato dos Trabalhadores Assalariados Agrícolas e Colonos de Ribeirão Preto por parte de Nazareno Ciavatta levou os fazendeiros a tomarem atitudes de desautorização das ações do sindicalista como a denúncia de estelionato apresentada à Justiça em que Ciavatta é acusado de receber mensalidades de seus sócios, sem o sindicato de

---

[26] Processo-Crime de Nazareno Schiavata e Luiz Anaconi (réus). C. 19-A do 1º Ofício Cível, Ribeirão Preto: AGFRP, 1955, p. 24.

[27] *Idem*, p. 78.

trabalhadores rurais, do qual presidia, possuir existência legal.

Para receber a investidura sindical, de acordo com o Decreto-Lei nº 7.038, de 10/11/1944, o sindicato precisava formar uma comissão organizadora, e depois proceder a uma assembléia para sua fundação. Nessa assembléia era requerido um despacho do Ministério do Trabalho para o seu funcionamento. No entanto, por não distinguir quais as categorias existentes no meio rural, a aplicação dessa lei não foi efetiva, e os sindicatos de trabalhadores rurais não puderam se tornar oficialmente reconhecidos pelo Estado.

Somente a partir de 1962, com a publicação de uma nova regulamentação dos sindicatos rurais, a Portaria nº 209-A, de 25/6/1962, é que os sindicatos passaram pelo reconhecimento do Ministério do Trabalho, ao reunirem os trabalhadores em quatro categorias profissionais diferentes: trabalhadores na lavoura, trabalhadores na pecuária e similares, trabalhadores na produção extrativa rural e produtores autônomos (pequenos proprietários e arrendatários).

Mesmo sem o reconhecimento do Ministério do Trabalho, o sindicato dos trabalhadores rurais continuou atuando em Ribeirão Preto, e Nazareno Ciavatta desenvolveu um trabalho de conscientização dos direitos trabalhistas entre trabalhadores. Um importante comunicado aos trabalhadores, datado de outubro de 1956, demonstra que a atuação do sindicato pautava-se pela defesa do cumprimento da legislação trabalhista:

> Aos trabalhadores rurais, colonos, camaradas, tarefeiros, diaristas, mensalistas, contratistas, a todos que trabalham no campo ganhando salários, inclusive cortadores de cana e quem trabalha por empreitadas semelhantes!
> [(...)] O governo já decretou a lei (Decreto nº 39.604/1956) e mandou que todo o empregador pague os seus empregados o salário mínimo de acordo com a lei. Os empregadores (patrões) que se negarem a pagar estão totalmente fora da lei, desrespeitando o governo e todas autoridades legais. Porisso, aconselhamos a todos trabalhadores e trabalhadoras que, para se esclarecerem de qualquer dúvida sobre o pagamento de agora em diante do novo salário mínimo, se dirijam ao sindicato, afim de que o presidente e o advogado, cientes do assunto, possam esclarecer essas dúvidas e tomarem as providências que se fizerem necessárias junto à Justiça.[28]

Esse folheto divulgado pelo Sindicato dos Trabalhadores Assalariados Agrícolas e Colonos de Ribeirão Preto demonstra a existência de duas categorias princi-

---

[28] Processo-Crime de Nazareno Ciavatta (réu). C. 30 do 1º Ofício Cível, Ribeirão Preto, AGFRP, 1957, p. 8.

pais de trabalhadores. Uma delas refere-se aos colonos, que podiam receber seu pagamento por mês, e também por cada mil pés de café tratados, sendo efetuado, inclusive, um cálculo de quanto o colono receberia por um ano de cuidado com a plantação. Os demais trabalhadores eram os assalariados rurais que podiam ser contratados por dia, por tarefa, por um período determinado em contrato ou por período indeterminado. Um outro dado a se notar é a variação do salário mínimo por localidade no meio rural, e sua variação determinada pelo Decreto nº 39.604-A, de 14 de julho de 1956, ao passar, em Ribeirão Preto, de Cr$ 1.900,00 para Cr$ 3.300,00 mensais a partir de 1º/8/1956.

Nazareno Ciavatta, ao informar o valor do salário mínimo e aconselhar os trabalhadores da fazenda a se organizarem para sua reivindicação –, inclusive podendo fazer uso da greve para o cumprimento desse direito, por parte do patrão, bem como o informativo oficial do sindicato, com dados sobre os valores do salário mínimo, sua legislação e com o apelo para que os trabalhadores procurem o sindicato para reivindicá-los na Justiça, caso não estivesse havendo o seu cumprimento – prova que o sindicato procurava fazer uma divulgação ampla entre os trabalhadores da posição do sindicato em usar dos meios legais para defender os trabalhadores das explorações e violações patronais que eram, pela documentação levantada, muito comuns na região agrícola de Ribeirão Preto.

Isso demonstra que as forças políticas que mobilizavam a atuação sindical estavam em consonância com a construção de uma cultura de defesa dos direitos trabalhistas entre esses trabalhadores do meio rural na região de Ribeirão Preto.

A experiência cotidiana de mobilizações e reivindicações era a forma de colocar à prova o cumprimento da legislação trabalhista utilizada pelo sindicato, pois a conquista de direitos trabalhistas efetivados sob a intermediação do sindicato junto à Justiça do Trabalho trouxe novos associados a ele.

O depoimento do fazendeiro Urbano Andrade Junqueira, no processo em que Ciavatta foi acusado de estelionato por cobrar mensalidade de associados do sindicato, o qual presidia sem que o sindicato fosse reconhecido, demonstra a preocupação do fazendeiro com a mobilização alcançada pelo movimento sindical no meio rural e no trabalho de angariar novos sócios:

> em data que o depoente não precisa, teve conhecimento por intermédio dos srs. Adriano Simões e Germano Assagra, administrador e fiscal da fazenda, os quais informaram ao depoente que aos sábados os colonos da fazenda abandonavam o serviço e dirigiam-se a Ribeirão Preto afim de tratar de um assunto

junto a um tal Sindicato Rural de Ribeirão Preto, sendo certo que, desse sindicato voltavam os referidos colonos com umas carterinhas do mesmo; que, Adriano Simões entregou ao depoente uma carta, na qual Ciavatta, presidente do referido sindicato, solicitava à fazenda para que pagasse o salário mínimo aos colonos e outras vantagens mais; que diante desses fatos, o depoente resolveu trazê-lo ao conhecimento da Autoridade Policial para os devidos fins.[29]

Esse depoimento demonstra a importância da liderança sindical de Nazareno Ciavatta e de sua representatividade junto aos trabalhadores na formação de um sindicato de trabalhadores rurais combativo na região de Ribeirão Preto. Os encaminhamentos em relação à mobilização dos trabalhadores, às greves nas fazendas, à defesa dos direitos dos trabalhadores, à filiação dos trabalhadores ao sindicato, assim como a repressão por parte de fazendeiros e da polícia à sua atuação formaram o contexto histórico em que se delinearam os contornos do movimento sindical rural na década de 1950.

As greves lideradas pelo Sindicato de Trabalhadores Assalariados Agrícolas e Colonos de Ribeirão Preto tiveram grande repercussão no meio rural, porém

---

[29] Processo-Crime de Nazareno Ciavatta (réu), C. 30 do 1º Ofício Cível, Ribeirão Preto: AGFRP, 1957, p. 31.

seus participantes, lideranças e, especialmente, Nazareno Ciavatta, sofreram atitudes repressivas por parte do patronato, inclusive com ações judiciais movidas contra eles.

Um desses casos aparece em uma tentativa de promover uma greve pelo cumprimento do salário mínimo e de encaminhar as reivindicações de um trabalhador, José de Oliveira, na delegacia regional do trabalho, quando ocorreu um desentendimento entre policiais e trabalhadores, juntamente com Nazareno Ciavatta. Tal incidente acabou acarretando uma ação criminal por desacato com violência à autoridade. No relatório do delegado de polícia, é apresentada a seguinte versão,

> o caso teve origem numa queixa aqui apresentada por Quintino Facci, que se dizia atemorizado com as ameaças que teria sido contra ele artirculadas por seu empregado José de Oliveira, que naquele momento, estava nesta cidade. Para esclarecer o assunto esta delegacia incumbiu o cabo Geraldo e o soldado Facio que procurassem dito indivíduo, intimando-o a comparecer à presença da autoridade, para esclarecimentos. Foi ele localizado nas proximidades da Delegacia Regional do Trabalho e intimado, prontificou-se a acompanhar os militares. Nazareno Ciavatta, agitador moscovita, sem profissão definida, que naquele instante chefiava uma delegação de trabalhadores rurais que demandavam aquela repartição, insuflou a

agressão, o desacato e a resistência, envolvendo nisso, somente, a Luiz Anaconi, que, atualmente está sendo por ele politizado. Os demais trabalhadores que o acompanhavam quedaram-se na espectativa, aguardando os acontecimentos, sem deles tomar parte.[30]

Pelo exposto, havia já uma posição preestabelecida por parte da polícia em combinação com os fazendeiros do município de Ribeirão Preto de coibir as possibilidades de manifestações reivindicativas por parte dos trabalhadores rurais e de desmobilizar possíveis lideranças de movimentos grevistas ou reivindicativos no interior da fazenda.

O movimento grevista e a repercussão da atuação do sindicato dos trabalhadores rurais como liderança desses trabalhadores em defesa de melhores condições de trabalho representou um momento importante para o sindicato ganhar a confiança dos trabalhadores e de seus simpatizantes, ao se colocar abertamente contra a opressão exercida no meio rural pelo patronato agrícola. Este percebia que era esse o momento de maior visibilidade dos problemas enfrentados pelos trabalhadores por parte da comunidade local, e tentava abafá-lo para

---

[30] Processo-Crime de Nazareno Ciavatta (réu). C. 19-A do 1º Ofício Cível, Ribeirão Preto, AGFRP, 1955, p. 33.

continuar mantendo relações de trabalho paternalistas e clientelistas no meio rural.

A reação do delegado de polícia Wilson José Minervino, ao apresentar um relatório dos fatos desse caso, demonstra bem a reação que vinha crescendo em relação ao movimento sindical no meio rural, por parte do patronato e da polícia no município de Ribeirão Preto, ao acusar Nazareno Ciavatta de agitador comunista e, portanto, perigoso à sociedade. Passava-se assim a construir argumentos, condenando a ação da liderança sindical, procurando tirar sua legitimidade.

Esse tipo de acusação, que passou a ser comum por parte da polícia e dos fazendeiros, foi rebatido pela liderança sindical, que alegava que essa era uma forma de reprimir as tentativas de mobilização e conscientização dos trabalhadores rurais de seus direitos, pois muitos dos trabalhadores não tinham sequer acesso às informações por residirem no interior das fazendas, daí o trabalho do sindicato de distribuir boletins informativos em todo o meio rural, chamando os trabalhadores a se filiarem no sindicato e, através dele, reivindicar seus direitos na Justiça do Trabalho.

Ao fazer a defesa de Nazareno Ciavatta no processo em que era acusado de estelionato por cobrar mensalidades indevidas, segundo o patronato agrícola, o advogado do Sindicato dos Trabalhadores Assalariados Agrícolas e Colonos de Ribeirão Preto, Holando Noir Tavella, argumentava

> O Sindicato foi instalado com base no Decreto-Lei 7.038, de dezembro de 1944, regulamentado pela Portaria Ministerial nº 14, de 19 de março de 1945. A documentação exigida por lei foi encaminhada ao Ministério do Trabalho, cujo processo de reconhecimento não deveria demorar mais que 90 dias, não sendo o presidente do sindicato responsável pelo atraso do Ministério em reconhecer a entidade.
>
> A demora do reconhecimento está ocasionando graves prejuízos ao sindicato, que reconhecido, teria direito ao imposto sindical que, por sua vez, desoneraria em parte os associados e poderia lhes assistir melhor (...) Os sindicatos foram criados para abrirem luta a favor de seus associados, afim da obtenção de férias e salário mínimo, arts. 129 e 76 da C.L.T., uma vez que, embora função da Divisão Regional do Trabalho fiscalizar a aplicação da lei extensiva ao homem do campo, é ela impotente dada a força dos fazendeiros, principalmente nesta cidade, onde estão reunidos na Associação Rural, cidadela da reação. E se podem os fazendeiros se associarem, por que não os trabalhadores da roça? Isso seria necessário explicasse a Polícia que sempre persegue colonos indefesos que procuram os sindicatos, afim de que, na sociedade, não sejam alertados dos seus direitos.
>
> É o que aconteceu, também, com Nazareno Ciavatta que, com cinco ou seis processos, todos da mesma espécie, provocados e

> movidos pela reação, viu-se obrigado a deixar o Sindicato, tendo, para isso, convocado Assembléia para prestação de contas (...) o sindicato já movera mais de 800 ações trabalhistas, não em nome do sindicato, mas em nome dos associados que o procuram e outorgam procuração a advogado e nele recebem orientação. É a única maneira de amparar, por enquanto, esses párias até que seja feita ou realizada a Reforma Agrária.[31]

As pressões patronais contra a mobilização dos trabalhadores pelo sindicato, juntamente com a perseguição política e policial empreendida sobre Ciavatta, atestam a dimensão que a atuação sindical alcançava no interior das fazendas.

As acusações apresentadas contra lideranças sindicais dos trabalhadores rurais na Justiça foram consideradas improcedentes ao serem julgadas, porém levavam alguns anos para chegar à conclusão, como por exemplo, o processo crime em que foram acusados Nazareno Ciavatta e Luiz Anaconi, por desacato à autoridade com violência, só teve sua conclusão em 1958 com a absolvição dos réus.

Parte do teor das declarações do juiz que o julgou se apresentam da seguinte forma:

---

[31] Processo-Crime de Nazareno Ciavatta (réu). C. 30 do 1º Ofício Cível, Ribeirão Preto, AGFRP, 1957, pp. 152-153.

(...) é inegável que o réu desempenha as funções de presidente do Sindicato dos Trabalhadores Assalariados e Colonos de Ribeirão Preto, o qual, embora possa não estar regularmente regularizado, funciona ostensivamente na cidade de Ribeirão Preto, fato esse que, segundo parece, é do conhecimento dos agentes do Ministério do Trabalho (...) consta dos autos que o acusado fazendo-se acompanhar de alguns trabalhadores rurais procurou o Dr. Promotor de Justiça e como os fatos para os quais procurava solução não dissessem respeito ao Ministério Público, dirigiu-se à repartição competente do Ministério do Trabalho, onde, presumivelmente, iria o réu praticar os meios de solução do dissídio.

Entretanto, na aludida repartição ocorreram incidentes entre o réu e alguns soldados aos quais Nazareno teria desacatado e agredido (...) De resto não ficou provado, nos autos, sequer o número de empregados que teria participado da suspensão do trabalho para que esta pudesse ser considerada como abandono coletivo.

Por tais fundamentos e considerando tudo o mais que dos autos consta, absolvo Nazareno Schiavata, com base no art. 386. II e VI, do código de Processo Penal.[32]

As considerações do juiz demonstraram que a atuação de Ciavatta, na defesa dos trabalhadores rurais jun-

---

[32] *Idem*, p. 100.

to à Justiça do Trabalho, passou a incomodar o patronato agrícola, que adotou como estratégia de reação o recurso à polícia, na tentativa de criar artifícios para intimidar e desorganizar os trabalhadores e sua liderança sindical.

Um exemplo disso foram as medidas tomadas após uma greve iniciada na fazenda Labareda, no município de Ribeirão Preto, em junho de 1955, de propriedade de Paulo Maximiano Junqueira, que levou o presidente do sindicato e alguns participantes a responderem processo por crime político, ao serem acusados pelo fazendeiro de subversivos, por divulgarem na sua fazenda e nas fazendas vizinhas, jornais e propaganda do sindicato, mobilizando os trabalhadores a filiarem-se ao sindicato dos trabalhadores rurais.

No entanto, no próprio depoimento do fazendeiro, este não soube dizer quem os tinha escrito, já que declarou que "os boletins que o depoente viu aconselhavam os trabalhadores a não fazerem a colheita de café; entretanto, esses boletins não traziam assinatura e nem mesmo o nome do responsável impresso".[33]

Os fazendeiros avaliavam que a atuação da liderança sindical de Ciavatta no meio rural, em Ribeirão Pre-

---

[33] Processo-Crime de Nazareno Ciavatta, José Sabino Costa, Antônio Sabino Costa e Domingos Moreto (réus). C. 23 do 2º Ofício Cível, AGFRP, 1955, p. 47.

to, era uma ameaça à sociedade, devido à tendência comunista assumida pelo presidente do sindicato ao alegarem o seguinte:

> o indivíduo Nazareno Ciavatta (...) conhecido agitador comunista, que vem pregando o ódio e a desarmonia entre as classes de empregados e patrões, organizou e preside o Sindicato de Trabalhadores Assalariados e Colonos de Ribeirão Preto, associação nitidamente de caráter comunista (...) juntamente com os operários agrícolas José Sabino Costa, Antonio Sabino Costa e Domingos Moreto, não só excitaram os trabalhadores da Fazenda Labareda, situada neste município e de propriedade de Paulo Maximiano Junqueira, à greve, como a distribuição de boletins, panfletos e jornais de caráter subversivo, como também, mediante violência, ameaças, depredações, conseguiram o seu intento, isto é, a paralização, no dia 24 de junho último do corrente ano, dos trabalhos profissionais no referido imóvel agrícola, com reais prejuízos para a lavoura, sem que antes promovesse a solução do dissídio coletivo, como determina a lei.[34]

Essas acusações foram consideradas pelo juiz de Direito Romeu Coltro como improcedentes, chegando à seguinte conclusão:

---

[34] *Idem*, pp. 2 e 3.

a única coisa que, em verdade, se apurou contra o réu Nazareno Schiavatta, foi a de ter concitado os trabalhadores da fazenda Labareda a inscreverem-se no Sindicato dos Trabalhadores Assalariados e Colonos de Ribeirão Preto, distribuindo para tanto, por intermédio dos demais, boletins destinados à propaganda desta instituição (...) A julgar pelo passado de Nazareno, é lícito julgar-se que essencialmente o que estava ele objetivando era servir à ideologia comunista, por ele abraçada. Não se pode, porém, afirmar, para efeito de condenação, que de cunho comunista fosse a sua ação, arregimentando os trabalhadores agrícolas para o que diz ser a defesa dos direitos destes face aos patrões, principalmente considerando-se que nenhum boletim foi apreendido, em ordem a apurar-se a índole da propaganda contida nos que teriam sido distribuídos. Para efeito de julgamento criminal, a situação de Nazareno Schiavatta e, por via de consequência, a dos demais réus, é a de estar sendo considerada subversiva da ordem social a sua ação, pela simples razão de ser ele comunista conhecido, guardando-se o inquérito, e, com êle, o processo, em absoluto subjetivismo quanto aos elementos de convicção relacionados com o caso dado (...) Com base em elementos vagos como os destes autos (...) julgo improcedente a denúncia e absolvo os réus da acusação que lhes foi feita, por inexistir prova suficiente para sua condenação.[35]

---

[35] *Idem*, p. 116 (f/v).

As acusações contra Nazareno Ciavatta feitas pelos proprietários rurais da região de Ribeirão Preto demonstram que estes se sentiam muito ameaçados com as mobilizações conseguidas com os trabalhadores rurais em prol de atendimento de reivindicações de direitos trabalhistas, e a própria sindicalização desses trabalhadores e a forma de desmobilizá-lo foi a tentativa de incriminá-lo como subversivo e agitador comunista.

Em contrapartida à reação patronal, o sindicato dos trabalhadores rurais fazia o trabalho de divulgação dos direitos trabalhistas não cumpridos pelo patronato. Em um dos folhetos divulgados pelo sindicato, era feito um alerta para os colonos e camaradas procurarem o sindicato "para não serem enganados". Além disso, nesse mesmo folheto, o discurso é de unir forças para se fazer cumprir a legislação trabalhista em vigor, por parte do patronato agrícola, conforme expresso na seguinte passagem:

> a união nas fazendas é necessária para os trabalhadores. Sem união é mais difícil de se ter melhor salário. O sindicato é a segunda casa dos trabalhadores, é preciso ser firme no sindicato, não podemos desanimar. Precisamos pôr a lei nas fazendas, para isso é preciso ir para o sindicato.[36]

---

[36] Processo-Crime, Nazareno Ciavatta (réu), C. 30 do 1º Ofício Cível, AGFRP, 1957, p. 23.

A expressão "pôr lei nas fazendas" utilizada nos folhetos de divulgação do sindicato demonstra que a orientação sindical era a de utilização de "mecanismos legalistas", ou seja, a defesa do cumprimento da legislação trabalhista para alterar as relações de trabalho opressivas, em vigor no meio rural, e ganhar a confiança e fidelidade do trabalhador às causas defendidas pela liderança sindical.

Assim, o poder mobilizador, que passou a ter o argumento fomentado pelo sindicato de que o trabalhador deveria agir no sentido de defender e garantir o cumprimento de benefícios trabalhistas, já previstos em lei, acabou gerando uma cultura política em defesa dos direitos trabalhistas.

Em um boletim informativo referente ao valor do salário mínimo que deveria ser pago aos trabalhadores rurais, inclusive aos colonos, que eram pagos por dia ou trato de café com as diferenças em cada uma das localidades que se refere à região de Ribeirão Preto, o sindicato divulgava os esclarecimentos e ações que poderiam ser feitas quando houvesse irregularidade por parte dos proprietários rurais no pagamento dos serviços dos trabalhadores rurais, cujo conteúdo se apresentava dessa maneira:

> trabalhadores rurais, o nosso sindicato está funcionando normalmente todos os dias na sua sede à Rua Saldanha Marinho,

991, e tem um advogado para encaminhar e defender as causas dos trabalhadores junto à Justiça. Todos os trabalhadores que tenham reclamações a fazer sobre os atrasados do salário mínimo anterior, das férias, do repouso remunerado, das horas extras, do aviso prévio e quaisquer outras reclamações trabalhistas, devem se dirigir com suas anotações ao sindicato para, juntos com o presidente e o advogado, fazerem suas procurações a fim de serem reclamadas essas questões na Justiça (...) Nós, trabalhadores rurais, para conseguirmos os direitos trabalhistas como já têm nossos irmãos operários, precisamos seguir o caminho deles. Aumentar e reforçar nossa união entrando para sócios e frequentando o sindicato certos de que trabalhador sindicalizado é trabalhador bem informado! Quem não é sindicalizado está sujeito a ser enganado! Por isso nossa campanha de sindicalização de novos sócios para o sindicato é uma tarefa permanente e de todos os dias. Todos pelo sindicato e o sindicato por todos! Agosto de 1956, pela Diretoria: Nazareno Ciavatta.[37]

O trabalho de divulgação desses panfletos e a busca de associados para o sindicato eram feitos por Nazareno Ciavatta no interior de várias fazendas. Tal prática foi descrita em depoimentos de trabalhadores e fazendeiros, bem como as possibilidades de êxito de uma pene-

---

[37] *Idem*, p. 26.

tração e atuação no meio rural, mobilizando os trabalhadores na defesa de direitos salariais e trabalhistas.

A fala dos trabalhadores apresenta-se à Justiça de forma contida, sem muitos detalhes; já a dos representantes do patronato assumiu um caráter mais abrangente pelo fim que assumia nos processos crimes, o de incriminar quem era apresentado como réu, o presidente do sindicato e os trabalhadores mobilizados por ele. Muitas vezes, o silêncio apresentava-se como principal arma de defesa dos trabalhadores nos processos.

Os trabalhadores nos depoimentos à Justiça acabavam muitas vezes adotando uma atitude de não demonstrar um comprometimento efetivo com o sindicato ou seu presidente, temendo possíveis repressões, demissão ou retaliações.

Algumas tímidas defesas da atuação de Nazareno Ciavatta aparecem como a de:

> Sebastião Lopes, lavrador, 50 anos de idade, casado, residente no bairro Tanquinho, na cidade de Ribeirão Preto (...) o réu somente dirige o sindicato, não tendo outra profissão; que o depoente jamais teve qualquer queixa contra o réu, que o depoente tem conhecimento de que o réu tem encaminhado reclamações trabalhistas de operários agrícolas à Junta de Conciliação e Julgamento desta cidade; que o depoente sabe também que o réu conseguiu com que os trabalhadores na roça gozas-

sem o direito de férias (...) o depoente é sócio do sindicato há aproximadamente três anos.[38]

Uma outra estratégia adotada pelos fazendeiros da região, na época, para tentar coibir a atuação do sindicato de trabalhadores rurais, foi a de acusar Nazareno Ciavatta de viver às custas da contribuição dos associados do Sindicato, sem ao menos esse sindicato ter o reconhecimento para o seu funcionamento pelo Ministério do Trabalho.

Porém, de acordo com Nazareno Ciavatta, o sindicato estava em situação legal de funcionamento, e fazia um trabalho de conscientização dos trabalhadores de seus direitos, bem como era válida, pois segundo ele:

> de acordo com os Estatutos do Sindicato Rural de Ribeirão Preto, foi eleito presidente do mesmo, cujo mandato termina no dia vinte do corrente, que o referido sindicato, em Assembleia Geral, teve seus estatutos aprovados, os quais se acham no Rio de Janeiro, no Ministério do Trabalho, conforme Protocolo nº 6040/55, aguardando o seu registro, razão pela qual não está reconhecido pelo Ministério, porém, reconhecido tão-somente pela lei [que] rege tais sindicatos; que, isso

---

[38] Processo-Crime de Nazareno Ciavatta (réu). C. 30 do 1º Ofício Cívil, Ribeirão Preto, AGFRP, 1957, p. 68 (v).

posto, o interrogado, como presidente, tem feito propaganda na região, incluindo as cidades de S. Joaquim, Ituverava, Ipuã, Batatais, Jardinópolis e outras, usando para isso boletins, tais como se encontram nestes autos, que a finalidade da propaganda é para que os trabalhadores rurais possam obter seus direitos trabalhistas, cujos resultados já têm feito sentir, pois, hoje, quase todos já têm suas férias etc; que, de conformidade com os Estatutos, cada associado paga, por mês, dez cruzeiros, quinze cruzeiros pela carteirinha; que, quando é o caso de reclamação trabalhista, cada sócio paga cem cruzeiros, cuja importância é para o Dr. Tavela, advogado do sindicato, o qual cumpre funcionar perante a Justiça Trabalhista.[39]

Para se eximir das acusações de ser comunista nesse interrogatório, Ciavatta declarou que o sindicato visa tão-somente esclarecer o trabalhador no campo de "seus direitos", não tendo cunho comunista.

O trabalho de conscientização desenvolvido sobre os trabalhadores no interior das fazendas só obtinha resultado quando o trabalho sindical contribuía para ganhos práticos para os trabalhadores, como a conquista dos benefícios previstos na CLT junto à Justiça do Trabalho, e, com isso, libertá-los da subordinação total

---

[39] *Idem*, p. 58 (f/v).

às relações de exploração do trabalho exercidas pelo patronato agrícola.

Tanto pelo apresentado na denúncia contra Nazareno Ciavatta, quanto pelas declarações do próprio em juízo, pode-se notar que o movimento de defesa do cumprimento dos direitos já assegurados legalmente e em prol da sindicalização dos trabalhadores vinha ganhando muitos adeptos desde a instalação do sindicato de trabalhadores rurais no município de Ribeirão Preto. As relações de mando local e de descumprimento da legislação arraigadas nas práticas do patronato agrícola, além das complexas relações com o Estado, a partir, muitas vezes, da apropriação pelos fazendeiros, do espaço público em prol de seus interesses privados – por exemplo, ao usarem o aparato policial para intimidar qualquer reação e mobilização dos trabalhadores contra os seus interesses –, ficam evidente nos depoimentos apresentados.

A concentração de terras nas mãos de poucos proprietários na região de Ribeirão Preto, sendo a agricultura a base da economia, garantiu um poder muito grande aos fazendeiros, tornando-se um patronato coeso na defesa da manutenção de relações autoritárias e clientelistas com seus empregados.

As constantes violações patronais em relação à aplicação dos direitos e benefícios, já garantidos na CLT, aos trabalhadores rurais levaram os dirigentes sindicais a acionar a intermediação da Justiça do Trabalho. Nessas ocasiões era posta à prova a imparcialidade do aparato jurídico-oficial e o caráter protetor das leis.

Nesse ponto, a Justiça não podia prescindir de coibir os excessos e as estratégias inescrupulosas do patronato agrícola, na tentativa de desmobilizar o movimento pela sindicalização dos trabalhadores que se firmava no interior das fazendas no final da década de 1950. A Justiça, especialmente a trabalhista, não podia ser arbitrária e negligenciar provas testemunhais convincentes e favoráveis ao acusado –, como foi o caso da conclusão a que chegou o juiz de Direito Romeu Coltro, no julgamento da acusação de estelionato, em que se encontrava como réu Nazareno Ciavata –, sob o risco de ir contra a imagem protetora dos trabalhadores, propalada pelo governo getulista no início da década de 1950 e contra a ideologia da liberal-democracia, que tomou corpo e se desenvolveu até o início da década de 1960, findando com o golpe militar de 1964.

Entre os anos de 1945 e 1964, o movimento sindical teve peso significativo na vida política nacional, chegando a influenciar decisões governamentais. Para Ângela de Castro Gomes, "a relação Estado-classe trabalhadora, vigente nesse período, quer por via sindical, quer por via partidária, teve sempre "mão dupla", constituindo-se num mecanismo de incorporação real – embora controlada – dos trabalhadores à vida política nacional".[40]

Assim, a mobilização dos trabalhadores rurais e a estrutura sindical estabelecida no meio rural contribuíram para questionar a falta de relações contratuais entre patronato e trabalhadores e colocar em xeque a estrutura de poder vigente no campo. Por isso torna-se importante reproduzir a conclusão do juiz em relação à acusação de estelionato do réu Nazareno Ciavatta, pois expressou a situação vivenciada no interior das fazendas:

> o juiz julgou improcedente a denúncia e absolveu o réu da acusação que lhe foi feita pelo fazendeiro Urbano de Andrade Junqueira e outros trabalhadores por ele juntados para apresentá-la, por considerar que as provas apresentadas não incriminavam o réu como exposto por ele em 7 de junho de 1958:
> (...) Apurou-se, sem sombra de dúvida, que o réu, promovendo a fundação aqui, de um chamado "Sindicato dos Trabalhadores Assalariados e Colonos Agrícolas de Ribeirão Preto", conseguiu inscrever no respectivo quadro social um bom nú-

---

[40] GOMES, A . de C. *A invenção do trabalhismo*. São Paulo: Vértice, 1988, pp. 328-329.

mero de trabalhadores agrícolas, cobrando de cada um Cr$ 15,00 de inscrição e Cr$ 120,00 de contribuição anual e deixando a sua ocupação, na fazenda em que trabalhava, passou a viver com a remuneração que a entidade lhe arbitrou, tendo em vista a circunstância de ser o seu presidente (...) zAos interessados na integração do quadro social da entidade, acenou o réu, com reivindicações pelas quais ele trabalhou, em certos casos com êxito.

De outra parte, nada impedia fosse constituído o sindicato, sob condições de vir a ser reconhecido ulteriormente pelo Ministério do Trabalho, pois é esse o processo legal de criação de entidades representativas das classes patronais e de empregados.

Não havia, além disso, óbice a que a assembléia arbitrasse, ao presidente, uma quantificação, a título de dedicação integral à sua função, nos termos do art. 521 da Consolidação das Leis do Trabalho.

O que houve, e continua havendo, não passa da impossibilidade em que a polícia ainda se encontra de relacionar as atividades do réu com o seu conhecido credo comunista, única explicação plausível para a agitação que vem fazendo nesta zona.

Coincidindo com o aparecimento do aludido sindicato, sucederam fatos, nesta região, que puseram em polvorosa os meios agrários, tendo sido ajuizadas inumeras reclamações trabalhistas na Justiça local e nos juizados vizinhos, a tudo estando ligado o réu.

Estelionato, contudo, não houve, inexistindo elementos, também, para outra classificação dos fatos por ele praticados.[41]

A partir da reprodução dessa declaração, favorável à mobilização sindical por parte de um juiz de Direito, pode-se concluir que a conjuntura vivenciada no final da década de 1950 assinala a crise de um modelo de mandonismo comum no meio rural, personalizado na figura do grande proprietário de terra, e na necessidade de alargamento institucional das bases sociais do poder do Estado.

Conferir e reconhecer direitos sociais, bem como dar abertura a uma maior participação política da classe trabalhadora por meio de instituições como sindicatos, federações e confederações, configurou-se como a forma de inclusão encontrada pelo Estado para legitimar-se no poder.

---

[41] Processo-Crime de Nazareno Schiavata (réu). C. 30 do 1º Ofício Cível, Ribeirão Preto, AGFRP, 1957, p. 157.

4. Mobilização sindical local, o PCB e o Estado

O nível de mobilização operária, atingido ao longo da década de 1950, indicou que o discurso governamental em prol da defesa dos trabalhadores precisava de uma maior vinculação com os interesses e a organização dos trabalhadores. Por outro lado, a organização e a mobilização dos trabalhadores rurais pelo sindicato da categoria ocorreram a partir de uma cultura política forjada no meio rural, em defesa dos direitos trabalhistas para seus trabalhadores e a prova disso foram os embates estabelecidos entre o patronato agrícola e os dirigentes sindicais, que se propunham a responder às demandas imediatas por melhores condições de trabalho.

A aquiescência das lideranças sindicais ao projeto corporativo implantado pelo governo Vargas, ao adotar uma ampla mobilização em prol do cumprimento da legislação trabalhista, principalmente no meio rural, representava a única forma de modificar as condições miseráveis de vida do trabalhador rural e o desrespeito às condições mínimas de trabalho.

Jover Telles, responsável pela organização do movimento sindical na cúpula do PCB, ao final da década de 1950, fez uma autocrítica da posição do partido na orientação à atuação dos sindicatos sob sua influência:

> Como decorrência do sectarismo dominante por muitos anos em suas fileiras, os comunistas mantiveram, uma atitude falsa, no fundamental, para com as conquistas parciais da classe operária. Diante da Consolidação das Leis do Trabalho e das instituições de previdência social, adotávamos, em geral, uma atitude puramente crítica. Não obstante as classes dominantes terem apresentado essas conquistas como "dádivas" à classe operária, elas foram obtidas, na realidade, através de duras e prolongadas lutas. Constituem, em que pesem a seus lados desfavoráveis, importantes êxitos do movimento operário que nos cabe defender e aperfeiçoar. Entre os comunistas se formou a idéia falsa de que dar atenção às leis trabalhistas, à previdência social, às cooperativas etc., constituía um sintoma de tendência reformista e oportunista (...) A atitude sectária e negativista face às conquistas da classe operária impediu e ainda impede que utilizemos apropriadamente tais conquistas a fim de ajudar o movimento operário a fortalecer-se e obter novas vitórias.[42]

---

[42] TELLES, J. *O movimento sindical no Brasil*. 2ª ed. São Paulo: Lech, 1981, pp. 276-277.

A opressão vivenciada pelo trabalhador no seu cotidiano de trabalho no meio rural e as complexas relações estabelecidas pelo patronato nos contratos de trabalho em que eram descontados do pagamento moradia, lenha e gêneros alimentícios levaram os trabalhadores rurais a procurar o sindicato da categoria, porém muitos trabalhadores sofriam uma ameaça velada de demissão e violência por parte de seus empregadores e de determinadas autoridades locais.

De acordo com as declarações do próprio Nazareno Ciavatta, os trabalhadores iam ao sindicato receber orientações e pegar os boletins para distribuí-los nas fazendas, mas havia perseguições constantes a eles para intimidá-los por parte do patronato, por isso era feito um trabalho de visitas às fazendas, como relatado por Ciavatta:

> Ia às fazendas durante a noite e nem sabia direito onde eu estava. Havia desconfiança de estarem ocorrendo assassinatos. Quando pediam para ir a uma fazenda, eu não dizia quando ia, chegava de surpresa. Em muitas fazendas eu saí escoltado (...) Uma vez na fazenda São Pedro eu quis sair à noite mas eles não deixaram. Alertaram-se de que havia jagunços querendo me dar uma surra. Saí às 5:30h na companhia de-

---

[43] COSTA, L. F. C. "Entrevista: Nazareno Ciavatta". *Estudos Sociedade e Agricultura*, Rio de Janeiro, nº 5, p. 98, novembro de 1995.

les, depois de tomar café com pão de broa e fui pegar um ônibus em Sertãozinho.[43]

O que revertia em parte esse quadro eram os ganhos práticos realizados pelo sindicato dos trabalhadores rurais, em termos de garantir o cumprimento dos direitos trabalhistas pela via legal para aqueles que recorriam à Justiça do Trabalho. Também, tais encaminhamentos por parte do sindicato desencadearam um questionamento do poder dos fazendeiros e até que ponto era legítimo seu posicionamento em relação às condições de trabalho oferecidas aos trabalhadores, e quais as transgressões mais comuns por parte desse patronato.

A conjuntura política da época de certo modo vinha favorecendo uma maior visibilidade dos problemas agrários, e determinou a ação governamental no sentido de criar condições legais de organização desses trabalhadores e de reconhecimento da extensão dos direitos trabalhistas, já garantidos aos trabalhadores urbanos, aos trabalhadores rurais, efetivando-se numa regulamentação completa das relações sociais no campo com a aprovação do Estatuto do Trabalhador Rural em 1963.

A promulgação de uma legislação específica para o trabalhador rural assumiu uma dimensão política importante, por considerar as especificidades da categoria de trabalhadores no meio rural e apresentar-se como mais um mecanismo legal a ser utilizado na organização e na mobilização dos trabalhadores rurais, além de serem reconhecidas as relações de trabalho próprias do meio rural. Assim o reconhecimento social e político desses trabalhadores, bem como de seus direitos enquanto profissionais, foi produto de uma intensa luta no meio rural por uma inclusão social.

Segundo Lucila de Almeida Neves, nas décadas de 1940 e 1950, foi sendo gestado um projeto de nação comprometido com o desenvolvimento social, matizado por proposições específicas de diferentes partidos e organizações sociais, entre elas "um projeto reformista agregado a objetivos socialistas defendidos pelos comunistas". A este alia-se a "atuação dos católicos definidos como progressistas, que principalmente, através de movimentos leigos como a Ação Católica, desenvolviam um alentado trabalho em torno de propostas voltadas para o reformismo e para a justiça social. Também organizações como a União Nacional dos Estudantes e os sindicatos se envolveram em lutas dessa natureza, vinculando-se a projetos partidários específicos".[44]

---

[44] NEVES, L. A . "Trabalhismo, nacionalismo e desenvolvimentismo: um projeto para o Brasil (1945-1964)". *In* FERREIRA, J. (Org.). *O populismo e sua história: debate e crítica*. Rio de Janeiro: Civilização Brasileira, 2001, pp. 171-172.

Com relação específica à atuação comunista, a resolução do Comitê Nacional do PCB, em 1952, definia que era dever de cada comunista ingressar em seu sindicato, tornando-se militante sindical e não poupar esforços para convencer a massa trabalhadora da necessidade de entrar para os sindicatos.[45]

A orientação pecebista alentava para uma maior atenção na criação dos sindicatos de assalariados agrícolas, pois essa categoria era formada por quatro milhões de trabalhadores privados de organização.[46] Desse modo, o trabalho da militância comunista no meio rural em Ribeirão Preto ganhou impulso, destacando-se o trabalho de atuação sindical de Nazareno Ciavatta, que utilizava como porta-voz, para divulgação das atividades do PCB, o jornal *Notícias de Hoje*, impresso pelo Partido, e alicerçava sua prática sindical na defesa do cumprimento da legislação trabalhista.

A liderança atuante de Nazareno Ciavatta no sindicato como militante do PCB, porém, teve curta duração, de aproximadamente três anos, entre setembro de 1954, quando ocorreu a fundação do sindicato, e outubro de 1957. Dois episódios provocaram seu desligamento completo da política sindical e partidária: a ex-

---

[45] *Revista Problemas* n° 42, setembro/outubro de 1952.
[46] TELLES, J., *idem*, p. 280.

pulsão do partido e o vencimento do seu mandato no sindicato.

Ciavatta travou uma discussão no interior do PCB, ao se posicionar claramente favorável na defesa dos anseios imediatos da classe trabalhadora, que, no momento, era o cumprimento do salário mínimo por parte do patronato agrícola, mas contra as posições dogmáticas de alguns dirigentes do partido, que observavam a derrubada do governo.

De acordo com suas declarações:

> fui expulso do partido em setembro de 1957. Os trabalhadores queriam ir para um lado e o partido para outro (...) Um dirigente me criticou dizendo que eu queria fazer coisas paliativas, como aplicação de leis trabalhistas. Eu expliquei que tínhamos discutido essa questão com os camponeses e que nós havíamos concordado que o importante era a luta pela aplicação das leis trabalhistas. Disse-lhes também para ele mesmo distribuir o material de derrubada do governo, porque eu iria distribuir os boletins para garantir os salários. Dessa forma eu estava em sintonia com os trabalhadores rurais. O sindicato era dos trabalhadores e não do partido (...) Essa discussão durou dois anos, mas eu aprendi. Eu cheguei ao ponto de não ter

---

[47] COSTA, L. F. C. "Entrevista: Nazareno Ciavatta". *Estudos Sociedade e Agricultura*, nº 5, pp. 96-97, novembro de 1995.

mais condições de obedecer ao partido (...) Fui expulso oito dias depois de uma áspera discussão com o Girotto, dirigente do Partido.[47]

Em outro momento da fala de Nazareno Ciavatta, fica clara a sua posição em relação à incompatibilidade entre dirigentes partidários a respeito da atuação dos militantes de base e a sua proposta de atuação de divulgação dos boletins salariais, bem como a prática de encaminhamento de denúncias de não cumprimento de direitos trabalhistas à Justiça do Trabalho, pois tal prática passou a atrair um número cada vez maior de associados, já que questionava o desmando patronal em relação ao cumprimento da legislação trabalhista em vigor, especificamente os artigos da CLT, que estendiam os benefícios dados aos trabalhadores urbanos, como férias e salário mínimo, aos trabalhadores rurais.

Por se contrapor à postura partidária que recomendava a mobilização para um questionamento do predomínio do latifúndio e em prol de uma revolução, Ciavatta foi desligado do Partido. De acordo com suas declarações:

> os sindicatos foram fundados para implantar as leis trabalhistas para o homem do campo, e isso era um compromisso nosso com eles. Mas o partido, não sei se todo ou em parte, não entendeu

ou não quis entender dessa forma. Eles queriam que eu levasse ao homem do campo o seu material que pregava a derrubada do governo. O partido tinha lançado em 1950 o "Manifesto de Agosto", que pregava a derrubada do governo, a divisão das fazendas etc. Isso foi reafirmado em 1954. Era estatutário. O programa era claramente de derrubada do governo. Eu fui expulso por essa razão (...) Fui desligado sem um tostão, devendo dois meses de aluguel. Trabalhar nas fazendas não podia mais, porque os administradores, fiscais, puxa-sacos, todos me conheciam, mandavam o empreiteiro me mandar embora. Cheguei a essa situação, e então fui ao prefeito Gustavo Romano para arrumar serviço, prometido para o mês seguinte.[48]

A saída do PCB e o sentimento de decepção que transparece no depoimento de Ciavatta são retratados por Jorge Ferreira, ao coletar o depoimento de vários militantes do partido e constatar que houve incongruência entre o ideal e a prática dos dirigentes do partido. O autor, ao realizar um estudo que foi pautado na reconstituição das práticas sociais de militantes do PCB e suas ligações com os dirigentes partidários, bem como suas reações à regras do partido e aos agentes da repressão entre os anos de 1930 e 1956, concluiu que

---

[48] *Idem*, pp. 96-97.

ao aderir ao partido, o militante acreditava participar de uma organização política única, a vanguarda dos operários mais conscientes e, por isso, revolucionária em sua essência. Representante histórico dos "reais" e "verdadeiros" interesses do proletariado, o partido detinha os códigos "científicos" para a compreensão e transformação do mundo, o marxismo-leninismo (...) No entanto, após dedicar anos de vida ao partido, às vezes décadas, o militante, muito lentamente, descobria outra realidade. Em diversas situações, o revolucionário, triste e amargurado, revoltava-se contra dirigentes do partido. As críticas, nesses momentos, eram contundentes e agressivas.[49]

A direção do PCB era exercida pelo Comitê Central, que centralizava as decisões. Para definir a linha política a ser seguida, eram convocados os Congressos, que acabavam ratificando as propostas da cúpula. Por isso, divergir dos dirigentes significava o mesmo que romper com o partido.

Os erros de orientação política do PCB passaram a ser admitidos pela cúpula do partido, a partir da "Declaração de Março de 1958", quando Jover Telles, por exemplo,

---

[49] FERREIRA, J. *Prisioneiros do mito: cultura e imaginário político dos comunistas no Brasil (1930-1956)*. Rio de Janeiro: Mauad/EdUFF, 2002, p. 279.

passou a afirmar que "uma permanente preocupação dos comunistas deve ser o fortalecimento dos sindicatos, a ampliação de seus quadros, a realização de campanhas de sindicalização, bem como as iniciativas capazes de atrair os sindicatos inativos para a vida sindical".[50]

Ao longo da década de 1950, em muitos momentos, surgiram descompassos entre as orientações gerais do partido e a dinâmica adotada pela militância de base no movimento sindical, havendo uma desarticulação entre estrutura de cúpula e organizações de base. Em relação, especificamente, ao movimento sindical rural, isso se acentuava, pois os sindicalistas se defrontaram com a intransigência patronal, levando-os a buscar justiça social no interior das fazendas por meio da luta pelo cumprimento da lei, ficando o discurso revolucionário em segundo plano.

Ronald Chilcote, em seus estudos sobre o PCB, avaliou que o partido ao longo da década de 1950 "deslocou-se, gradativamente, de uma postura inicialmente militante e revolucionária, para uma estratégia e um programa de reformas sociais moderadas, e com objetivos de curto prazo".[51]

---

[50] TELLES, J. *Idem*, p. 280.

[51] CHILCOTE, R. H. *O Partido Comunista Brasileiro: conflito e integração*. Rio de Janeiro: Graal, 1982, p. 107.

Ao desenvolver um estudo sobre a prática eleitoral dos comunistas em Ribeirão Preto, entre 1946 e 1950, Pedro Estevam da Rocha Pomar afirma que, "nas eleições de 1951 e 1955, os comunistas apoiaram candidatos a prefeito de perfil conservador: Alfredo Condeixa Filho, major da Força Pública, e Costábile Romano, político integralista, dono do jornal *Diário da Manhã*". Citando um depoimento de Engracia Garcia, membro da direção local do PCB:

> não havia como fugir de apoiar candidatos de outros partidos porque nós não tínhamos condições de botar os nossos, ou seja, não poderia apresentar candidato próprio em função da ilegalidade. Na definição de Engracia Garcia, Costábile era um homem do povo e devia-se relativizar sua orientação político-ideológica. No interior não tem essas coisas não.[52]

A trajetória de militância de Nazareno Ciavata, tanto nas bases do PCB em Ribeirão Preto, quanto no movimento sindical rural, teve a duração exígua de três anos, mas tomou proporções enormes pela mobilização conquistada. Isso se reflete pelo crescente número de

---

[52] POMAR, P. E. da R. *A democracia intolerante: Dutra, Adhemar e a repressão ao Partido Comunista (1946-1950)*. São Paulo: Arquivo do Estado: Imprensa Oficial do Estado, 2002, p. 125.

reclamações trabalhistas apresentadas desde a instalação da Junta de Conciliação e Julgamento de Ribeirão Preto, criada por Lei nº 2.695, de 24/12/1955, com jurisdição nos municípios de Cravinhos, Serrana, Batatais, Altinópolis, Brodosqui, Jardinópolis, São Simão, Santa Rosa do Viterbo, Serra Azul, Sertãozinho, Pontal, além de Ribeirão Preto. A Junta entrou em exercício em 8/3/1957 com a nomeação do juiz do Trabalho Alfredo de Oliveira Coutinho.

Em meio às discussões e divergências de opiniões nos quadros do PCB, estabelecidas ao longo de toda a década de 1950, a prática político-sindical de Nazareno Ciavatta em Ribeirão Preto confirmou o posicionamento que o partido assumiu posteriormente com a "Declaração de Março de 1958"; porém, nesse momento, já era explícito o enfrentamento de Ciavatta com a cúpula partidária e, por outro lado, as pressões e perseguições do patronato agrícola levaram-no à desfiliação do PCB e à saída do Sindicato dos Trabalhadores Assalariados Agrícolas e Colonos de Ribeirão Preto.

De acordo com declarações do próprio Ciavatta, após sua saída do movimento sindical rural, "a Igreja assumiu o lugar do partido de maneira geral e se tornou mais

---

[53] COSTA, L. F. C. "Entrevista: Nazareno Ciavatta". *Estudo Sociedade e Agricultura*, Rio de Janeiro, nº 5, p. 101, novembro de 1995.

importante que ele. O sindicato de Batatais, por exemplo, foi reconhecido quando estava o Antônio Sampaio, da linha da Igreja, na sua direção".[53]

Ao se retirar do movimento sindical, Nazareno Ciavatta assumiu o cargo de fiscal de turmas no serviço de conservação de estradas da prefeitura municipal de Ribeirão Preto, no qual permaneceu até se aposentar. Porém, mesmo estando fora do partido e da militância sindical, com o golpe militar de 1964, foi preso e acusado de comunista. Sua prisão foi baseada na lei de segurança nacional (Lei nº 1.802, de 5/1/1953). Segundo seu relato, afirmou que

> fui acusado como o comunista mais perigoso por aqui. Fui o primeiro a ser preso. Seis horas da manhã a polícia estava me procurando na praça (...) Escutei no rádio que o João Goulart tinha fugido, mas achei que, por estar desligado do partido, eles não me procurariam. Mas estava enganado e eles vieram mesmo. Diziam que eu era um comunista covarde porque tinha medo de falar qual era a minha ideologia e aí desciam o cacete.[54]

Durante a atuação efetiva do Sindicato dos Trabalhadores Assalariados Agrícolas e Colonos de Ribeirão

---

[54] *Idem*, pp. 100-101.

Preto, as reclamações e reivindicações dos trabalhadores tiveram um canal de manifestação, apesar da intensa repressão dos fazendeiros que passaram a se organizar para combatê-las pela via judicial, por meio do sindicato de representação da categoria, a Associação Rural, já que os trabalhadores eram orientados a reivindicar seus direitos trabalhistas na Justiça do Trabalho.

De certa forma, iniciou-se, a partir daí, um processo de quebra gradativa das relações de dominação e de dependência pessoal estabelecidas pelo patronato sobre o trabalhador, despontando a força da organização dos trabalhadores.

Considerações Finais

Nazareno Ciavatta procurou defender os interesses dos trabalhadores pautando-se no atendimento das demandas sociais encontradas no meio rural na região de Ribeirão Preto e na criação de mecanismos de luta para atender as reivindicações da categoria a partir do reconhecimento dos direitos envolvendo as relações de trabalho. Além disso, as reivindicações que foram se configurando ao longo da década de 1950 demonstram uma crítica à complexa situação de trabalho imposta pelo patronato agrícola.

O desvendar da militância político-sindical de Nazareno Ciavatta revelou uma memória alternativa em contraponto a uma visão construída pelas instâncias de cúpula do PCB, e o movimento sindical rural, no interior do Estado de São Paulo, proporcionou uma maior visibilidade das reais condições de trabalho no meio rural, bem como da pressão reivindicativa na base.

Em função de sua postura crítica em relação às diretrizes do PCB no meio rural, desenvolveu uma militância de base, que passou a se preocupar essencialmente com as conquistas parciais da classe trabalhadora, em defesa da garantia dos direitos trabalhistas.

A recusa do patronato agrícola em aceitar os direitos já reconhecidos em lei levou a militância sindical a uma luta pelo reconhecimento desses direitos. O caminho seguido foi o de acionar a Justiça do Trabalho para o cumprimento da legislação, o que constituiu numa jurisprudência favorável ao trabalhador rural, principalmente à categoria de colono.

As lutas sociais no meio rural, no fim da década de 1950, tomavam um contorno próprio com as vitórias, tanto nas conquistas de direitos trabalhistas empreendidas pelos sindicatos da categoria e pela Ultab, quanto pela proposta de reforma agrária defendida pelas Ligas Camponesas que se formaram nos Estados do Nordeste, e que tentavam reverter a injustiça social a partir da desapropriação de terras consideradas improdutivas.

Em meio a essa expansão do movimento sindical rural, foi promulgado, em 1963, o Estatuto do Trabalhador Rural, com a finalidade de criar um instrumento legal de tutela estatal sobre a organização dos trabalhadores, já que as reivindicações e mobilizações contra o poder opressivo exercido pelos proprietários rurais passaram a ser constantes no meio rural.

A atuação combativa de Nazareno Ciavatta no sindicato, transformando-o em um organismo de representação efetiva dos trabalhadores, contribuiu para a construção de uma cultura política em torno da defesa do cumprimento de reivindicações trabalhistas, além do atendimento de uma categoria de trabalhadores específicas que ainda predominava na região de Ribeirão Preto, na década de 1950, a do colono.

A defesa dos direitos do trabalhador rural, a partir da utilização de recursos legais pelo sindicato da categoria, acabou criando uma cultura política em torno de lutas por atendimento a demandas imediatas, como salário mínimo, férias, pagamento de horas extras, descanso semanal remunerado, pois a liderança comunista local passou a se identificar com as situações e experiências cotidianas da categoria, assim como a da categoria com o patronato que geralmente exercia seu poder pessoal por práticas autoritárias e clientelistas, em detrimento do que era previsto pela CLT.

O posicionamento que orientou a vanguarda de representação do movimento sindical no meio rural em Ribeirão Preto, na década de 1950, efetuou-se a partir das condições encontradas no interior das fazendas. O sindicato dos trabalhadores procurava reverter as violações patronais ao acionar a Justiça do Trabalho, encaminhando reclamações trabalhistas à Junta de Conciliação e Julgamento de Ribeirão Preto, além de promover greves no interior de determinadas fazendas, como a fazenda São Sebastião do Alto e a Labareda, entre outras, nos momentos em que houve, por parte dos trabalhadores rurais, uma percepção da representatividade e da combatividade junto à sociedade local, e da força política que a organização sindical vinha adquirindo.

Porém, ao longo dos anos de 1950, manifestou-se uma contradição entre a militância de base no interior das fazendas na região de Ribeirão Preto e a postura doutrinária dos dirigentes do PCB nas recomendações e orientações de atuação, uma vez que o dirigente sindical Nazareno Ciavatta procurou atender às reivindicações cotidianas dos trabalhadores rurais em favor da defesa da adoção da legislação trabalhista, colocando-se em oposição às posturas dogmáticas e sectárias do partido em prol de divulgação de idéias revolucionárias no meio rural.

Assim, a prática sindical predominante no meio rural em Ribeirão Preto pautou-se pela construção de uma experiência de luta que passou a utilizar como instrumento de reivindicação de melhoria das condições de trabalho a própria legislação trabalhista, que não era cumprida pelo patronato agrícola nas décadas de 1940 e 1950.

Sobre a autora

Maria Angélica Momenso Garcia é historiadora, doutora em História pela Unesp/Franca. Atua como professora universitária e no ensino médio na região de Araçatuba-SP. Desde o início da década de 1990, realiza pesquisas sobre a questão agrária e a organização dos trabalhadores rurais no interior do Estado de São Paulo, especialmente na região de Ribeirão Preto. Tem artigos publicados sobre o assunto e o livro *Trabalhadores rurais em Ribeirão Preto*, pela série "História Local", da Unesp, campus de Franca.

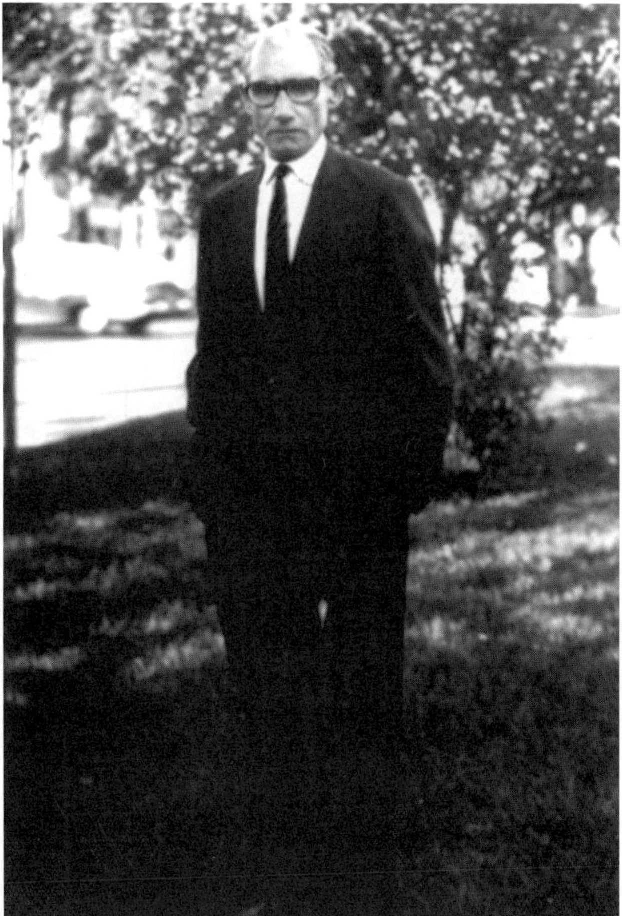

Leia também

Angelo Diogo Mazin e Miguel Enrique Stedile

ABREU E LIMA
general das massas

expressão **POPULAR**

VIVA O POVO BRASILEIRO
RECORTES / PERFIS

Alder Júlio Ferreira Calado

GREGÓRIO BEZERRA
um lutador do povo

expressão
POPULAR

VIVA
O POVO
BRASILEIRO
RECORTES | PERFIS

Augusto Buonicore

JOÃO AMAZONAS
um comunista brasileiro

expressão
POPULAR

VIVA
O POVO
BRASILEIRO

RECORTES | PERFIS

Luiz Ricardo Leitão

LIMA BARRETO
o rebelde imprescindível

expressão
POPULAR

VIVA
O POVO
BRASILEIRO

RECORTES | PERFIS

Anita Leocadia Prestes

LUIZ CARLOS PRESTES
patriota, revolucionário, comunista

expressão
POPULAR

VIVA
O POVO
BRASILEIRO

RECORTES | PERFIS

Lincoln de Abreu Penna

ROBERTO MORENA
o militante

expressão
POPULAR

VIVA
O POVO
BRASILEIRO

RECORTES \ PERFIS